LOUIS LAUNAY

QUELQUES MOTS

SUR

LE THÉATRE

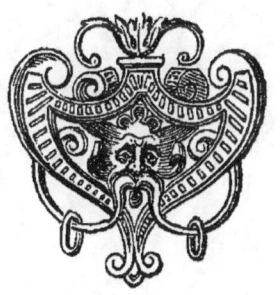

PRIX : 0,75 CENTIMES

PARIS

AU MAGASIN THÉATRAL

12, *Boulevard Saint-Martin*, 12

MVIIILXXIX

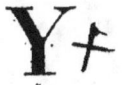

QUELQUES MOTS

SUR

LE THÉATRE

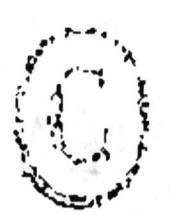

LOUIS LAUNAY

QUELQUES MOTS

SUR

LE THÉATRE

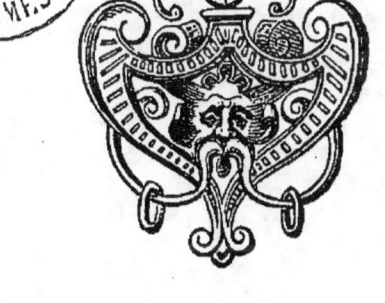

PRIX : 0,75 CENTIMES

PARIS

AU MAGASIN THÉATRAL

12, Boulevard Saint-Martin, 12

MVIIILXXIX

AVANT-PROPOS

LE phylloxera existe-t-il ? Je ne l'ai jamais vu, pas même au microscope. Des savants m'ont affirmé, sous la foi du serment, qu'ils avaient cherché la petite bête et qu'ils l'avaient trouvée. Cela me suffit.

On a institué des commissions, organisé des concours, promis des sommes fantastiques à l'auteur du remède souverain qui débarrasserait nos vignes de leur implacable adversaire et toutes les bonnes volontés se sont mises à l'œuvre.

Il existe aussi en littérature dramatique un parasite. Personne ne le voit, mais tout le monde en ressent les ravages.

Le théâtre ne se porte pas très-bien chez nous.

De louables efforts sont faits par les gens compétents, médecins ou empiriques, pour rendre la santé à ce malade qui compte parmi nous tant d'amis.

On a déjà trouvé maintes choses fort ingénieuses, mais cela ne suffit pas, car la question est épouvantablement complexe.

D'ailleurs, on n'emploiera utilement aucune panacée ; attendu que la bête qui ronge le théâtre étant un affreux scolopendre, on aura beau lui couper une patte, cela ne l'empêchera pas de se cramponner à sa proie de toutes les forces de ses neuf cent quatre-vingt-dix-neuf autres.

Je n'ai pas la prétention de détruire l'insecte ; mais j'estime

que, si faible et si peu autorisée que soit votre voix, on a tort
de se taire quand on a quelque chose à dire dans un débat
aussi important, et je parle.

Maintenant, que mes théories soient combattues victorieuse-
ment ou qu'on les enterre sans les honneurs de la discussion,
cela me chagrinera un peu, je l'avoue ; mais pas au point
d'anathématiser la société et de sortir dans ma rue remuer les
pavés ; non.

Je me console à l'avance, car je sais qu'après tout il y aura
quelqu'un de convaincu en me lisant, quelqu'un de mon avis ;
ce quelqu'un, je vous le déclare sans la moindre vergogne et
sans l'ombre de la plus petite modestie, ce sera moi.

QUELQUES MOTS

SUR

LE THÉATRE

I

LE prix des places n'est peut-être pas assez élevé ? Les fauteuils d'orchestre ne valent guère que sept francs, c'est pour rien ; surtout si l'on considère que la location n'est pas absolument gratuite.

Il est vrai que les loges ne coûtent que huit francs — par place ; — mais le bon public a conservé un préjugé ; il croit qu'on ne peut louer deux places dans une loge et qu'il faut la prendre tout entière ; de là l'absence de spectateurs dans cette partie de la salle.

Une chose excessivement plaisante et qui contribue à donner le goût du théâtre, c'est de faire la queue.

On me répondra qu'il est facile de louer son fauteuil ; je ne suis pas de cet avis. Évidemment, tout le monde a plusieurs pistoles à sacrifier en allant au théâtre. Quel est le mal-élevé qui voudrait voir une pièce sans dépenser deux louis pour lui et sa famille ?

On va me dire aussi que de tout temps on a fait la queue. C'est possible, mais nous devenons tellement sybarites que la perspective de nous morfondre une heure à la porte d'un théâtre commence à nous effrayer un peu.

Ce qui est agréable, par exemple, c'est la bousculade aux bureaux.

On va, paraît-il, remédier à cet inconvénient, et cela d'une façon bien simple, allez.

Au lieu d'un guichet, il y en aura deux.

A l'un on paierait sa place proprement dite, à l'autre le droit des pauvres.

Ce sera notoirement insuffisant ; je demande un troisième guichet où l'on verserait les droits d'auteurs.

Je suis sincère. MM. les Directeurs veulent, par cette mesure, démontrer au spectateur que si le prix du spectacle est aussi élevé, c'est à cause des droits qu'il leur faut prélever sur la recette brute.

Mais que parlais-je de trois guichets? Il en faudrait davantage : un pour les acteurs, un pour les musiciens, un pour les comparses, un pour les pompiers, etc., etc.

De cette façon, le public se rendrait compte, parbleu !

Vous savez, on discute cela sérieusement dans certains journaux.

Numérotez donc toutes vos places, du parterre au paradis, toutes. Dites aux gens qu'ils peuvent dans la journée, un jour, deux jours, huit jours avant, s'ils le veulent, se procurer des billets numérotés sans augmentation de prix.

Faites mieux, demandez aux commerçants qui acceptent vos affiches de vous prendre des billets avec le prix bien apparent. Tous accepteront.

Toutefois, n'en donnez qu'à ceux qui vous paieront comptant et engagez-vous, si c'est nécessaire, à leur en reprendre une très-petite quantité, fixée d'avance.

Organisez un service quotidien, — c'est l'affaire de deux employés de plus, — et faites retirer la veille au soir les billets invendus qui portent la date du lendemain.

1.

En somme, il vous en faut très-peu de ces dépositaires et le public connaîtra vite leur adresse, que vous pouvez d'ailleurs mettre au bas des affiches. Vous n'en manquerez pas qui voudront satisfaire leur clientèle en réalisant un petit bénéfice ; car vous accorderez une légère remise, naturellement.

Gardez quelques places et continuez à les distribuer bien en ordre aux personnes qui se présenteront le soir. Tant pis pour les retardataires.

Les premiers seront les premiers.

Plus d'agences, plus de marchands de billets filous.

Vous aurez peut-être besoin d'augmenter le nombre de vos ouvreuses dans la salle ; mais, entre nous, elles ne vous coûtent pas très-cher, les ouvreuses.

II

On blâme très-fort le dévergondage littéraire qui règne sur la plupart de nos scènes. On a toujours un peu blâmé cela.

Moi, Messieurs les Directeurs, je me désintéresse un peu de la question, car j'adore la liberté.

Montez des pièces qui vous obligeront à réaliser quatre mille francs de recettes, rien que pour vous couvrir de vos frais, alors que votre maison bondée n'en peut faire que trois mille cinq cents, cela n'a qu'une importance relative.

Vous vous rattraperez sur la grande affluence de spectateurs, n'est-ce pas ?

Vous avez commencé à faire défiler devant nous tous les commensaux du Muséum; vous irez jusqu'au bout.

Le naturalisme, — le nouveau, — s'en plaindra; mais vous n'aurez pas laissé à un concurrent l'honneur d'exhiber un animal plus curieux que le vôtre.

Je ne décernerai le prix d'honneur au vainqueur
de ce steeple-chase zoologique qu'à l'impressario de
génie qui aura fait jouer un premier rôle à l'orang-
outang, dont les cordes vocales auront été enduites
préalablement d'une mixture de phonographe, habi-
lement préparée.

Vous vous négligez cependant en ce qui concerne
les décors. Vous nous avez bien montré l'intérieur
d'un volcan, les couches sous-marines, les splendeurs des horizons polaires, les vallons de la lune ;
mais vous n'êtes pas encore allé jusqu'à Phœbus.

Songez-vous aussi aux panoramas antédiluviens? Je
ne me rappelle même pas avoir vu la plus petite toile
de fond représentant la nature avant la création du
monde.

Autant de lacunes à combler.

Vous avez pourtant, je le reconnais, élevé le res-
pect de la couleur locale à des hauteurs himalayesques.
Les décorateurs vont prendre leurs croquis sur les
lieux mêmes de l'action ; les costumes sont d'une
exactitude qui défie toute critique et les moindres
bibelots ne sont achetés à prix d'or chez les antiquaires
qu'après des recherches inouïes.

C'est le public qui tient compte de ces efforts
surhumains ; c'est lui qui comprend l'archéologie ;

il n'a qu'à ouvrir les yeux pour laisser éclater son enthousiasme ; seulement, il fait cette réflexion : « Pourquoi diantre ces personnages qui vivaient il y a deux siècles parlent-ils notre idiôme familier » ?

La couleur locale ne triomphera que le jour où les philologues auront parachevé l'œuvre des auteurs dramatiques.

Tous les directeurs ne sacrifient pas de la même manière aux splendeurs de la mise en scène. Il en est qui dépensent beaucoup pour leur personnel ; ce sont les vers luisants amoureux des étoiles. Pour ceux-là un nom en vedette suffit à assurer à la pièce deux cents représentations. Il y a des précédents. Vous ne leur retirez pas de la tête que c'est le moyen infaillible.

Un artiste qui a le talent de se faire payer, à lui tout seul, autant que ses camarades, ne peut que détourner le Sacramento et le faire entrer dans la caisse de son directeur.

Quand l'étoile commence à pâlir, on affiche son nom deux fois plus gros, on la paie le double ; on lui adjoint un astre de l'autre sexe et l'on attend la fortune.

J'allais oublier une nouvelle manifestation du

grand art, très-importante au point de vue de l'esthétique.

On prépare en ce moment une opérette, dans laquelle un célèbre ténor et une chanteuse, non moins célèbre, joueront ensemble.

Elle sera costumée en Vénus Callipyge et *Lui* en génie de la Bastille.

III

Il y a plusieurs sortes de littérateurs ; je ne m'oc-
cuperai que de ceux qui créent et de ceux qui copient.
Le théâtre aujourd'hui vit énormément de plagiat,
ce qui veut dire que les faiseurs sont inévitables.

Tous les jours nous voyons le même prodige
se renouveler :

On monte une pièce d'un auteur connu ; le directeur débourse des sommes folles ; il engage des
artistes hors ligne ; les peintres en renom badi-
geonnent de superbes décors ; la presse complai-
sante annonce à cor et à cris le succès certain de
l'œuvre ; il y a enfin une formidable conspiration
d'organisée en faveur de l'auteur et du directeur, de
laquelle doit sortir la réussite la plus incontestée.

A la première, la pièce tombe, avec un fracas
épouvantable !

La critique est unanime à constater que le direc-

teur qui a monté une telle « machine » est un crétin
de la plus belle eau.

Voici ce qui est arrivé auparavant et la gésine
de la pièce :

Le directeur est allé trouver son cher auteur et il
lui a demandé quelque chose pour la saison pro-
chaine. C'est à peine si le coupeur a donné un
patron au confectionneur, la confiance étant réci-
proque.

L'auteur, qui a touché une prime, promet de s'exé-
cuter dans le délai convenu ; mais les besoins sans cesse
renaissants de cette maîtresse exigeante qui s'appelle
la vie littéraire absorbent vite l'argent et l'on entre-
prend un autre travail — toujours dans les mêmes
conditions. — Quand arrive le moment de fournir
au premier demandeur, on s'aperçoit qu'on a juste
le temps d'écrire trois scènes. On bâcle néan-
moins les quatre ou cinq actes. Cela réussit huit
fois sur dix ; mais les plus jolis fours proviennent
de là.

Que le lendemain d'une de ces chutes inénarra-
bles, un bon jeune homme présente une pièce, vous
croyez qu'on la lira ? Allons donc ! vite, une autre
commande à un nouveau faiseur.

Vous souvient-il d'une aimable plaisanterie qui a

obtenu jadis une vogue insensée, c'était l'abondance des manuscrits déposés chez les directeurs par des inconnus ?

Il arrivait dix pièces par jour et vingt la nuit. La portière en trouvait dans sa boîte au lait, le contre-bassiste dans son instrument, le lampiste dans les verres de la rampe ; c'était une onzième plaie d'Egypte.

Cette fumisterie a fait son temps ; mais a-t-elle eu un succès, juste ciel !

La vérité est que le nombre de pièces présentées par les jeunes n'est pas si effrayant que cela et qu'il est facile, pour un homme du métier, de voir aux premières pages si le manuscrit mérite de fixer l'attention et d'être lu en entier.

Voyons, si les jeunes crèvent littérairement de faim, les directeurs ne roulent pas longtemps carrosse, constatons-le sérieusement ; et si l'on parvenait à mieux équilibrer la situation personne ne s'en plaindrait.

IV

Je sais bien, messieurs les auteurs, que lorsqu'on a vidé son sac, il faut le temps de le remplir, à moins de piller celui d'un autre.

Et puis, si les innovations sont rares en littérature, elles sont presque impossibles au théâtre.

Notre scène ne vit que de préjugés, que de compromis, que de lieux communs. Allez donc servir au public un autre dénoûment que celui qu'il attend. Essayez donc de laisser le vice impuni et l'amoureux encore à la recherche de sa belle, quand le rideau tombera sur le dernier acte.

Le public brûlerait le théâtre et exécuterait sommairement les artistes. Vous en doutez? Demandez-le aux directeurs.

On s'est agréablement moqué des classiques avec leur fameuse unité ; mais nous sommes tombés dans la même fondrière en croyant suivre une route diamétralement opposée.

Consultez les pontifes ; ils vous diront comment doit être conçue une comédie : Premier acte, exposition ; Deuxième acte, développement ; Troisième acte, point culminant de l'œuvre et le Quatrième acte, très-court, dernière péripétie.

Hors de cette église, point de salut, sachez-le bien.

Pour les drames et les vaudevilles, il existe également des bornes infranchissables ; ne tentez pas de les sauter, malheureux ! Vous feriez le plongeon et vous et votre pièce tomberiez à la scène.

Je ne prétends pas, toutefois, qu'il faille pousser l'innovation jusqu'à l'excentricité en commençant, je suppose, une pièce par le cinquième acte et en redescendant jusqu'au premier ; comme pochade, dans un bénéfice, cela aurait quelques chances de réussir, mais ailleurs, ce serait plus difficile.

Non, l'Ecole farceuse — qui compte beaucoup d'élèves actuellement, qu'on le sache bien — n'en imposera jamais qu'aux sots ; et encore, les sots finissent-ils par y voir clair.

Seulement, ce que je ne puis comprendre c'est que parmi les personnes qui se plaignent de la décadence du théâtre, il s'en trouve qui déclarent, de la meilleure foi du monde, que, pour faire du neuf et du solide, il faut retaper les pièces d'autrefois.

Laissez au moins à l'auteur la faculté de charpenter son œuvre comme il le voudra. Jugez son édifice, mais ne lui reprochez pas le choix des matériaux.

J'ai parlé plus haut des commandes. Certainement on voit des directeurs adroits, se rendant compte du goût du jour et des choses qui plairont momentanément au public, demander à l'auteur une pièce nouvelle, dans la bonne acception du mot ; mais après le succès, qu'arrive-t-il ? Les entrepreneurs de spectacles viennent harceler les écrivains et commander des pièces dans le genre de celle qui a fait de l'argent.

Quelle erreur ! Mais il n'y a pas de série au théâtre. Evidemment, la seconde, la troisième œuvre, taillée sur le patron en question et se passant à la même époque, bénéficie quelquefois de l'engouement qui dure encore, mais ce n'est pas trois pièces qu'on joue, c'est cinquante.

Les fours ont beau se succéder, le directeur sans inspiration n'oublie rien et n'apprend rien ; il continue à patauger dans l'eau stagnante, jusqu'à ce qu'une nouvelle mode ait été lancée par son confrère intelligent.

V

Une des causes graves du malaise dont souffre le théâtre, c'est l'extension donnée à la collaboration.

Qu'on écrive une œuvre à deux ou à trois, pourvu que chacun ait apporté sa part d'idées et de travail, rien à dire et je n'aurai pas l'imprudence de critiquer cette manière de faire de l'art ; mais il y a des pièces où dix écrivains ont passé ; il y en a d'autres qui comptent plus de vingt collaborateurs.

Il faut voir cela à l'avant-scène quand on commence les répétitions, alors que tout se découd, se déchire parfois, et que les morceaux se perdent et s'envolent aux quatre vents.

Plus l'on répète, plus la pièce est confuse, plus les scènes exécutent la danse macabre, c'est à rendre fous tous ceux qui sont là.

Le chef de collaboration, l'auteur responsable,

si vous aimez mieux, enfin, le Monsieur chargé de surveiller les répétitions est tiraillé dans tous les sens. Le directeur désire un changement, les artistes demandent le contraire; il n'est pas jusqu'au souffleur qui ne se croie le droit de faire ses réflexions quand un béquet ne lui semble point judicieux.

Et l'auteur a beau se gendarmer, se draper dans sa dignité en commençant, il finit par courber la tête comme un petit garçon, car on lui fait toucher du doigt les solutions de continuité qui existent dans la pièce et il lui faut prendre bonne note des avis de chacun.

Les remaniements exigent beaucoup de temps et sont forcément incomplets, car le directeur qui ne fait plus un sou avec la pièce quelconque qu'il joue en attendant, presse le travail.

De guerre lasse tout le monde cède. On représente l'œuvre nouvelle, au petit bonheur.

Que voulez-vous, elle a souvent du succès malgré cela.

N'importe, le Monsieur qu'on nomme à la fin sait fort bien qu'il n'est le père de l'enfant que d'une façon bien putative.

VI

Parmi ceux qui me lisent, je trouverai sans doute quelques grands hommes de province qui me sauront gré de parler de décentralisation littéraire.

La décentralisation littéraire ! l'admirable sujet à mettre en vers latins ! Malheureusement, je me bornerai, aujourd'hui, à n'effleurer que la question des tournées.

De prime-abord je les trouve excellentes, ces tournées, pour ceux qui les entreprennent ; seulement, je ne vois pas encore bien clairement ce que peuvent y gagner les auteurs.

La troupe de passage donne deux représentations dans un endroit où les artistes de la localité auraient joué une semaine !

Obligée par son itinéraire de marcher rapidement, la tournée n'a pas le droit de rester autant qu'elle le voudrait dans une ville. A peine le rideau tombé,

il faut prendre le train et se diriger vers de nou-
veaux climats, quelquefois inhospitaliers.

Ce sont les directeurs de province qui ont le
plus à se plaindre, en somme. Ils végètent toute
l'année et n'attendent pour se relever que les succès
parisiens. Ils ne peuvent, tout de suite, après le
passage de la tournée, reprendre la pièce ; il y aurait
des comparaisons malheureuses et le plus clair des
recettes a été réalisé. Il faut donc attendre à la
saison suivante ; mais d'autres succès sont venus et
le cercle reste vicieux.

Le directeur de province se ruine ; il n'a plus le
loisir de former des artistes pour le minotaure pari-
sien qui, faute de cygnes, entend chanter des oies.

Il n'est pas content, le minotaure, et sa mauvaise
humeur retombe sur les auteurs.

Qu'on se hâte de trancher la question. L'irritation
est grande parmi les populations départementales,
et, un beau jour, les compagnies en voyage trouve-
ront tant de portes fermées qu'il leur faudra jouer
en plein air, ce qui gênera la circulation, même
dans les plus petites bourgades.

VII

Je passe aux journalistes.

Seulement, je vais être prudent, plus que cela, circonspect, car je m'adresse à des gens dont la mémoire est prodigieuse et qui n'aiment pas précisément les leçons.

Aussi, au risque de passer pour un être pusillanime et capon, je déclare que je ne dirai pas un mot — ici du moins — des critiques dramatiques, ces messieurs étant quelquefois sévères et souvent justes, que dis-je souvent ? toujours justes. C'est aux courriéristes que je présenterai mes requêtes.

Je voudrais une réforme radicale qui transformât à leur avantage les échos de théâtre. Je ne supprime pas la paire de ciseaux, c'est impossible, même pour les journaux les mieux informés ; au contraire, je demande qu'on lui adjoigne un petit instrument, fort ingénieux également, qui s'appelle une plume. Les deux outils feraient très-bon ménage ensemble, je vous l'assure.

Dans un journal, tous les articles, si petits qu'ils soient, doivent être rédigés d'après la ligne adoptée, je ne parle que de la ligne littéraire, et il est curieux de voir encenser à la troisième colonne un monsieur qui est vilipendé à la première.

Un confrère bien renseigné annonce-t-il la réception d'une pièce ? Le lendemain, les courriéristes des cinq parties du monde théâtral, la Grange-Batelière, le Croissant, Montmartre, Coq-Héron et Aboukir, reproduisent la nouvelle avec un ensemble que je souhaite aux chœurs de l'opéra populaire.

Depuis quelque temps, on la démarque, cette nouvelle, ce qui est un progrès, mais il faut aller plus loin, la rédiger.

Voyez ce qui se produit aussi très-fréquemment ; les théâtres envoient une note avec prière d'insérer ; on la donne au metteur en pages presque sans la lire, si cela continue, les fonctions de courriériste deviendront une superfétation et les rédacteurs en chef — gens fort économes — en arriveront à supprimer des emplois. Qu'on y prenne garde.

La réclame, n'est pas soignée non plus. On l'accepte trop facilement ou trop difficilement suivant la maison qui l'envoie. Un peu de discernement, que diable ! C'est souvent faire œuvre pie que de donner un coup de main à une pièce qui bat de l'aile, malgré sa valeur, malgré les frais faits par un directeur sympathique ; mais c'est une sottise que de recommander une insanité, qui malgré tous les coups de tam-tam possibles doit tomber à plat.

Nous avons tous remarqué le phénomène suivant. Un jour on lit : « *Théâtre X...* salle comble, maximum, succès exceptionnel ! »

Le lendemain l'affiche annonce les dernières représentations.

Il faut aussi être très-prudent quand on reçoit des notes anonymes annonçânt la réception d'une pièce. Si le théâtre, qui doit jouer l'œuvre en question, dans un temps plus ou moins rapproché, fait de bonnes recettes, l'annonce nouvelle suffit pour arrêter le succès actuel tout net.

C'est un bon tour qui se joue entre auteurs dramatiques, mais cela confine à la polissonnerie.

J'en reviens aux réclames. Le plus souvent on les accueille bien pour se concilier les bonnes grâces du directeur et ne pas se faire refuser les entrées de faveur qu'on a promises à sa concierge ou à son tailleur. Mais ce n'est point tout-à-fait de la dignité, cela.

On doit non seulement renseigner ses lecteurs, mais aussi les respecter; or, c'est se moquer d'eux que de les engager à aller voir un four.

Je ne suis pas grincheux outre mesure et je n'excite point à la haine des citoyens les uns contre les autres, mais j'admettrais un désabonnement basé sur le faux poids de la marchandise livrée, ou le paiement du journal trop complaisant en fausse monnaie, celle de la mauvaise pièce en question.

Après tout, Messieurs les journalistes, tranquillisez-vous; les directeurs ne peuvent pas vous refuser de places, même si vous faites votre devoir consciencieusement.

VIII

On a souvent bataillé au sujet des répétitions générales.

Quelques directeurs ferment leurs portes, d'autres les ouvrent toutes grandes.

Je suis pour une mesure mixte, à une condition pourtant, c'est que les journalistes invités n'en profiteront pas pour cancaner un jour d'avance.

Si un inventeur vous montre son travail et vous dit qu'il ne déposera le modèle que dans quelques jours, avez-vous le droit de raconter tout de suite au public les beautés ou les défauts de la chose?

Ce qui fait le grand succès d'une pièce, c'est l'imprévu. On m'appellera bon gobeur si l'on veut, mais je ne vois pas la nécessité de connaître par anticipation le clou d'une œuvre.

D'ailleurs, une scène qui a paru exécrable à la répétition générale, des entr'actes démesurés, un décor mal planté, ne sont plus les mêmes le lendemain, pour une bonne raison : C'est que l'on a refait l'une, quand on ne l'a pas supprimée totalement; les machinistes plus nombreux ont marché à merveille et le praticable récalcitrant a été consolidé.

Les auteurs et les directeurs ont le droit de changer jusqu'au lever du rideau; à quoi bon initier le public à tous ces tâtonnements?

Et puis, en parlant trop tôt, il se produit un fait extraordinairement amusant ; où le courriériste d'un journal a prédit la veille un triomphe éclatant, le critique déclare solennellement le lendemain que la pièce est infecte ; si vous le préférez, c'est le contraire qui arrive.

Cela ne s'est pas présenté une fois, mais cent fois. J'en appelle aux délinquants qui sont sincères.

Oui, les journalistes doivent assister aux répétitions générales, attendu qu'il est très-difficile de faire la critique d'une pièce si on ne la voit qu'à la première représentation.

Mais si je demande l'entrée libre pour les gens sérieux, critiques, chroniqueurs ou courriéristes, je ne m'oppose pas du tout à ce que les directeurs laissent impitoyablement dehors les cabotins de la presse.

IX

Je tiens à développer rapidement mon idée au sujet des indiscrétions regrettables et des réclames immodérées.

Quelques pièces sont précisément tombées parce qu'on les avait prônées trop longtemps à l'avance ; cela devenait une scie fantastique pour l'abonné qui ne pouvait pas ouvrir son journal sans lire une nouvelle de la pièce de monsieur un tel.

C'était épouvantablement agaçant, car on semblait lui dire carrément : « Si plus tard tu ne trouves pas la pièce de ton goût; c'est que tu en seras totalement dépourvu. »

Non-seulement on décrivait les décors, les costumes, les accessoires, mais encore après on dépeignait les goûts et les habitudes de l'auteur, son état civil et jusqu'à la façon dont il remplissait ses fonctions physiologiques.

Ce thème épuisé, vite une analyse anticipée de la

pièce ; un trait par ci, une scène par là et surtout les
bons mots du dramaturge à la cantonade.

Entre parenthèse, avez-vous remarqué comme ils
sont ingénieux et surtout neufs les mots attribués aux
auteurs ?

Le travail des répétitions étant laborieux, il fallait
trouver autre chose et tenir en haleine la curiosité
publique ; c'était le tour des artistes.

Malheureusement, à Paris, les acteurs sont tellement connus qu'il reste bien peu de choses intéres-
santes à dire sur leur compte ; les courriéristes se
trouvaient bientôt à court.

Alors le bouquet de la fin !

Un remaniement complet au cinquième acte ; le
traître ne s'évade plus, mais la jeune première suc-
combe ; le directeur a parié pour deux cents représentations ; l'auteur va être fait officier de la légion
d'honneur ; un des quarante se suicidera pour lui
offrir son fauteuil.

On nous dira qu'aujourd'hui tout ce puffisme est
nécessaire et qu'il ne faut pas plus songer à supprimer la réclame que la claque, que le public est avide
de connaître ces détails intimes et que les journaux
boulevardiers ont une clientèle spéciale qu'il faut satisfaire.

C'est une blague, inventée par les gens qui fabriquent des lignes et qui trouvent plus commode de se faire l'écho du foyer des artistes que de chercher les renseignements qui pourraient véritablement intéresser et instruire le public.

N'oublions pas que le théâtre, comme toutes les manifestations de l'art, vit surtout de l'illusion ; or on ne l'obtient qu'en cachant aux yeux des profanes les ficelles du métier.

Ne laissons jamais voir le double fond de nos boîtes. Il faut en finir avec ces potins maladroits et ces bavardages compromettants, ou sans cela on ne croira plus que c'est arrivé.

X

A-t-on assez épilogué sur la prétendue indifférence du public ? On a trouvé tous les motifs légitimes et on les a énoncés. Il en est un plus sérieux qu'il n'en a l'air, c'est l'heure du dîner.

Oui, le spectacle commence trop tôt et il dure trop.

Cela tient à ce que les pièces sont plus indigestes, plus ennuyeuses et plus tirées par les cheveux que jamais.

On ne veut plus de ces immenses machines qui durent cinq heures ; on arrive maintenant à huit heures et demie et l'on part avant minuit. Il faut que les directeurs et les auteurs en prennent leur parti, c'est une affaire entendue.

Condensez votre action dramatique de façon à ne pas fatiguer l'auditeur. Plus de détails superflus, de scènes où les effets sont prolongés outre mesure, de hors-d'œuvre, d'épisodes étrangers, si spirituels

que vous les croyiez, plus de remplissage, en un
mot.

Du nouveau, surtout du nouveau. On a abusé des
vieilles pièces l'année dernière, les recettes étaient
forcées ; dorénavant, elles ne feront pas un sou ;
autant de reprises perdues.

Nous n'acceptons plus une pièce « nouvelle »
bâtie sur le modèle antique et solennel, à plus forte
raison nous *égaierons* les reprises.

Il est entendu que le répertoire n'entre pas dans
cette catégorie et qu'il y en a un aussi bien en
drame qu'en comédie et en opéra.

Encore une fois, les genres ne signifient rien ;
mais il est incontestable qu'on demandera de plus
en plus la vérité dans les œuvres dramatiques.

C'est le règne du théâtre sensé qui va commencer.

Le public n'est pas si bégueule qu'on l'a prétendu.
Il s'étonnera peut-être, en commençant, de certaines
hardiesses, mais il ne blâmera pas dans une pièce
ce qu'il accepte dans un livre ou dans un tableau.
Il se dira qu'après tout il est permis à l'écrivain
— pourvu que ce ne soit point un ignoble farceur —
de chercher un peu avant d'arriver à la perfection
dans la nouvelle forme. Il est généreux et il
fera crédit.

De la vigueur, du bon sens, de la conviction et surtout de la probité littéraire, voilà ce qu'il demande pour le moment, ce bon public.

Moins de matière et plus d'esprit.

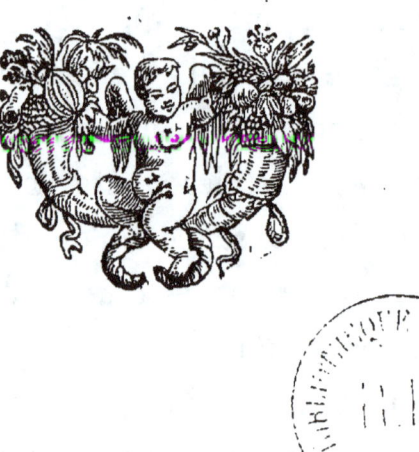

Imp. A. DERENNE, Mayenne, — Paris, boulev. Saint-Michel, 52.

IMPRIMERIE A. DERENNE, MAYENNE. — PARIS, BOUL. SAINT-MICHEL, 52

www.ingramcontent.com/pod-product-compliance
Lightning Source LLC
Chambersburg PA
CBHW030117230526
45469CB00005B/1688